La Bella y la BESTIA

Diseño y Producción:
Slangman Kids
*(Miembro de Slangman Inc.
y de Publicaciones Slangman)*

Editor: Julie Bobrick
Ilustraciones: "Migs!" Sandoval
Traducción: Marcela Redoles
Corrección: Geo Orellana

Marca Registrada © 2006 de David Burke.

Publicado por Slangman
Kids *(Miembro de Slangman
Inc.y de Publicaciones Slangman)*
12206 Hillslope Street, Studio City, CA
91604 •EEUU • Dentro de los Estados Unidos llame
gratis al 1-877-SLANGMAN (1-877-752-6462) • Desde
afera de los Estados Unidos llame al 1-818-SLANGMAN
(1-818-752-6462) • Fax Internacional 1-413-647-1589 •
Correo electrónico: info@slangman.com • Website: www.slangman.com

"Migs!" Sandoval
✳ Nuestro dibujante ✳

Miguel "Migs!" Sandoval ha dibujado cómics desde la edad de seis
años. Miguel ha trabajado como escultor, dibujante y constructor de
modelos en numerosos comerciales y películas nacionales. Nació en
Los Angeles y creció en un hogar bilingüe, hablando español e
inglés. Actualmente vive en San Francisco, y se encuentra
trabajando en una nueva colección de libros de cómics.

ISBN10: 1891888-978
ISBN ... 3-977
... U.
... 21

SOLICITUD DE COMPRA

Exhibición de capítulos y tienda en línea.

www.slangman.com

Enviar a la dirección: _____

_____

_____

_____

Contactar a: (Sr./Sra.) _____

Teléfono/Correo electrónico: _____

Tipo de Envios

Ofrecemos los diferentes tipos de envio. Seleccione el más conveniente para usted y anote su valor a la cuenta total.

Ordenes dentro del país

CORREO ORDINARIO
(Tiempo de entrega: 5-7 días hábiles).
$5 por envio y entrega del primer artículo, $1.50 por cada artículo extra.

SERVICIO EXPRESO
Disponible por un precio adicional. Comuníquese con nosotros para mayor información.

Ordenes Internacionales

CORREO ORDINARIO
(Tiempo de entrega aproximado: 6-8 semanas).
US$6 por envio y entrega del primer artículo, US$2 por cada artículo extra. Considere que el envio a algunos países podría ser más caro de lo señalado. Comuníquese con nosotros para mayor información.

CORREO AEREO
(Tiempo de entrega: 3-5 días hábiles)
Disponible por un precio adicional. Comuníquese con nosotros para mayor información.

Forma de Pago (Seleccione una):

☐ Cheque Personal u Orden de Pago
(Debe venir en fondos estadounidenses y pagables a un banco estadounidense)

☐ VISA   ☐ Master Card   ☐ Discover   ☐ American Express

Número de Tarjete de Crédito

_____ | | | |
Firma   Fecha de vencimiento

CANTIDAD	ISBN-13	TITULO	PRECIO	NIVEL	PRECIO TOTAL
Inglés al CHINO (Mandarín)					
	9781891888-793	La Cenicienta	$14.95	1	
	9781891888-854	Ricitos de Oro	$14.95	2	
	9781891888-915	La Bella y la Bestia	$14.95	3	
Inglés al FRANCÉS					
	9781891888-755	La Cenicienta	$14.95	1	
	9781891888-816	Ricitos de Oro	$14.95	2	
	9781891888-878	La Bella y la Bestia	$14.95	3	
Inglés al ALEMÁN					
	9781891888-762	La Cenicienta	$14.95	1	
	9781891888-830	Ricitos de Oro	$14.95	2	
	9781891888-885	La Bella y la Bestia	$14.95	3	
Inglés al HEBREO					
	9781891888-922	La Cenicienta	$14.95	1	
	9781891888-939	Ricitos de Oro	$14.95	2	
	9781891888-946	La Bella y la Bestia	$14.95	3	
Inglés al ITALIANO					
	9781891888-779	La Cenicienta	$14.95	1	
	9781891888-823	Ricitos de Oro	$14.95	2	
	9781891888-892	La Bella y la Bestia	$14.95	3	
Inglés al JAPONÉS					
	9781891888-786	La Cenicienta	$14.95	1	
	9781891888-847	Ricitos de Oro	$14.95	2	
	9781891888-908	La Bella y la Bestia	$14.95	3	
Inglés al ESPAÑOL					
	9781891888-748	La Cenicienta	$14.95	1	
	9781891888-809	Ricitos de Oro	$14.95	2	
	9781891888-861	La Bella y la Bestia	$14.95	3	
Japonés al INGLÉS 絵本で えいご を学ぼう					
	9781891888-038	La Cenicienta	$14.95	1	
	9781891888-045	Ricitos de Oro	$14.95	2	
	9781891888-052	La Bella y la Bestia	$14.95	3	
Coreano al INGLÉS 동화를 통한 ENGLISH 배우기					
	9781891888-076	La Cenicienta	$14.95	1	
	9781891888-106	Ricitos de Oro	$14.95	2	
	9781891888-113	La Bella y la Bestia	$14.95	3	
Español al INGLÉS Aprende INGLÉS con cuentos de hadas					
	9781891888-953	La Cenicienta	$14.95	1	
	9781891888-960	Ricitos de Oro	$14.95	2	
	9781891888-977	La Bella y la Bestia	$14.95	3	

Total por la Mercancía ____

Impuesto *(Sólo para los residentes de California)* ____

Valor de envio *(Vea información al lado)* ____

TOTAL FINAL ____

Los precios pueden variar sin previo aviso

SLANGMAN®
PARA NIÑOS
(Miembro de Publicaciones Slangman)

** PARA ORDENAR POR TELEFONO, FAX o CORREO ELECTRONICO : **
Teléfono: 1-818-752-6462 • Fax: 1-413-647-1589
Correo electrónico: info@slangman.com • Página Web: www.slangman.com
12206 Hillslope Street • Studio City, CA 91604

(SOLICITUD 071606)

Dedicatoria

La entera colección de "Lenguas extranjeras a través de cuentos infantiles," está dedicada a todos los niños del mundo, con la total convicción de que a través de su comprensibilidad, estimulación y celebración de nuestras diferencias culturales el mundo será un lugar mejor y más seguro para todos.

Recuerda que...

Las palabras en *cursiva verde* que aparecen en este cuento ya las has aprendido en los niveles anteriores. ¿Puedes recordar sus significados?

1

daughters →

very much →

trip →

abía una vez un *papa* que tenía *three* hijas . El quería mucho a sus **daughters**. Un día, él tuvo que salir en un largo viaje para comprar algunas mercaderías "¿Qué puedo trearles

de mi **trip**?" les preguntó a sus **daughters**. La mayor dijo, "yo quisiera un collar." Y la segunda dijo, "yo quisiera un anillo." Pero, la menor de las **daughters**, cuyo nombre era Bella, dijo

necklace

ring

3

please → "por favor, yo no quiero un **necklace** para llevarlo en el cuello, tampoco un **ring** para llevarlo rose → en el dedo. Todo lo que quiero es una rosa". El padre les respondió, "cada una de ustedes tendrá

4

su [regalo]". "¡*Thank you* **very much**!" dijeron → **gift**

las *three* **daughters**. "¡Qué tengas un [buen] → **good**

trip, *papa*! ¡Te vamos a extrañar **very much**!"

Entonces, él se montó en su [caballo]. Cuando él → **horse**

se alejaba, las **daughters** le gritaban, "*¡Goodbye, papa!*" Hasta que desapereció de vista. Días después, le llegó el *moment* de regresar. Pero, primero se detuvo a comprar el **necklace** para

6

que su **daughter** mayor lo llevara en el cuello,

un **ring** para que su segunda **daughter** lo llavara

en el dedo. Pero esperó hasta estar cerca de su

house para buscar un ⌐jardín⌐ en el que pudiera

→ **garden**

encontrar una **rose** para Bella. Después de
unas horas, vio un **garden** bellísimo. Se bajó
del **horse**, caminó hacia el **garden** y cortó
una *pretty* **rose**. En ese *moment*, la

8

beast

door de la *house* se abrió y una ⌐bestia⌐

salió corriendo hacia él. "¿Quién se

atreve a robar una **rose** de mi **garden**?"

estalló la *big* **beast**. "Oh, **please**,

9

sir ◄— señor)" dijo el *papa*. "No me haga daño. Le prometí a mi **daughter** que le llevaría una **rose** de **gift** al regresar de mi largo **trip**. ¡Es sólo **ONE rose** de su **garden**!" "¡Igual es

un robo!" dijo la *big* **beast**. "Te perdonaré la
vida si me traes a la **daughter** de la que hablas
dentro de seis días, al mediodía. Aquí vivirá
por el resto de su vida." Por supuesto que el

six

noon

papa se puso muy *sad* con el pedido, pero le prometió que regresaría con Bella al **noon** en **six** días. Cuando llegó a casa, sus **daughters** se apresuraron a saludarlo. El les dio a cada una

el **gift** que habían pedido. Ellas estaban muy
happy y le decían "¡*Thank you* **very much**,
papa. *Thank you!*" "¡*You are welcome!*"
les respodía él. Pero seguía *sad* porque

13

tenía que contarle a Bella la promesa que le

I love you ◄ había hecho a la *big* **beast**. "Bella, yo te quiero

very much y quiero que tú seas *happy*.

Pero tengo que contarte algo que he hecho…"

Su *papa* le explicó lo que había pasado ese día y la promesa que había hecho. Le advirtió sobre lo [fea] que era la *big* **beast**, pero Bella se sintió responsable porque la **rose** era el

ugly

gift que ella había pedido. Estuvo de acuerdo en ir. Pasaron los **six** días rápidamente y llegó el *moment* de partir. Sus hermanas estaban muy *sad* de decir *goodbye* a Bella, pero entendían que

no había otra alternativa. Entonces Bella y su *papa* se montaron en el **horse** y se alejaron juntos. Llegaron exactamente al **noon**. Bella y su *papa* se bajaron del **horse** y se acercaron

17

hello ←

a la *house*. La *door* se abrió lentamente y entraron. "¡Hola! dijo el *papa*. ¡**Hello**! Pero nadie respondió. Cuando se acercaron un poco más vieron una *big table* en la *kitchen* llena

18

de comida. ¡Parecía que alguien tuviera una *big party*! Fue entonces cuando escucharon una voz profunda que les dijo, "¡**hello**!" Este (almuerzo) es especialmente para ustedes. ¡**Please**, disfrútenlo!

→ **lunch**

Para no parecer mal educados empezaron a comer el magnífico **lunch** que tenían enfrente de ellos. ¡Y tantos postres! Bella estaba tan emocionada, y los contaba con diligencia.

"¡...Cuatro, cinco, **six**! ¡**Six** postres diferentes!"

four

five

Y los volvía a contar para asegurarse. "¡*One*,

two, *three*, **four**, **five**, **six**! ¡Estaba correcto!

¡**Six** postres deliciosos! ¡Ellos nunca, en su vida,

habían visto un **lunch** tan maravilloso!

De pronto, frente a ellos se apereció la **big**

beast. En realidad era verdaderamente

ugly. Asustada, Bella dijo, "¡**hello**, **sir**

**22**

y *thank you* **very much** por el **lunch**!"

"*¡You are welcome!*" le respondió la

big **beast**, que parecía muy (amable) con

Bella. A su *papa* se le permitió visitarla

kind

23

todas las semanas, lo cual la puso muy

happy. El le dio un beso en la mejilla a Bella,

montó su **horse** le dijo "¡*Goodbye*, Bella.

I love you very much!" y se alejó. En ese

moment, la *big* **beast** se acercó a Bella y le dijo "**Please**, lo que es mío es tuyo. Regresaré al **noon** a verte todos los días". Y con ésto, se fue rápidamente, dejando a

Bella sola. Como había sido tan **kind** con ella, Bella ya no tenía miedo y se puede decir que hasta estaba **happy** cuando él regresó a visitarla al **noon**. Todos los días

se reían juntos más y más, y disfrutaban contándose historias. Un día, la **big beast** no vino al **noon** como acostumbraba, entonces Bella fue a buscarlo. Ella salió al

garden y lo encontró tirado en el suelo sin vida. Bella gritaba, "¿Por qué tenías que morir? **¡I love you! ¡I love you very much!**" Entonces, le dio un beso en la mejilla y

repentínamente, ante sus ojos, ¡él se despertó y, se transformó en un *handsome prince*! El le explicó que un mago malvado lo había vuelto una *big* **beast** y que sólo el beso de

una *girl* que estuviera verdaderamente *in love* de él podría cambiarlo. Al día siguiente al **noon**, Bella fue la **wife** del *handsome prince* y vivieron **happy** para siempre.